Written by / Escrito por
Amy Crane Johnson

Illustrated by / Ilustrado por
Robb Mommaerts

To Paul and Betsy – A.C.J.

For my Aunt Judy – R.M.

Publisher's Cataloging-in-Publication
(Provided by Quality Books, Inc.)

Johnson, Amy Crane Johnson
    A home for Pearl Squirrel : a Solomon Raven story/
Amy Crane Johnson, author ; Robb Mommaerts, illustrator
–1st ed.
  p. cm
SUMMARY: Pearl Squirrel had built a lovely new home
in a tree and invited her forest friends over for a
housewarming party. Some of her friends like Mrs.
Deerheart, Mrs. Rabbit and Maurice Skunk were unable to
get up the tree to Pearl's home and all of her friends
found Pearl's home inadequate for their needs in one way
or another. This upset Pearl, so she sought advice from
wise Solomon Raven who helped her understand how
different types of homes are right for different forest
folk.
   Audience: Ages 4-8
   LCCN 2001093521
   ISBN 0-9701107-3-1

  1. Animals–Habitations–Juvenile fiction.
2. Multiculturalism–Juvenile fiction. [1. Animals–
Habitations–Fiction. 2. Multiculturalism–Fiction.]
I. Mommaerts, Robb. II. Title.

PZ.J6285Ho 2001   [E]
      QB101-700964

Spanish translation by Creative Marketing of Green Bay, LLC
This book is printed with soy inks on recycled paper.
Printed and manufactured in the United States of America
10 9 8 7 6 5 4 3 2 1

first edition

Up in the crook of a hickory tree, Pearl Squirrel was resting in her cozy new leaf nest. She had built it using pretty, fallen leaves and the dry cedar bark of nearby trees.

Sobre el entronque de dos ramas de un arbol de Nogal, la ardilla Perla descansaba en su nueva y cómoda madriguera de hojas. Ella la había construído usando la corteza seca de cedros y las hermosas hojas caídas.

3

The bottom was sturdy
with twigs and branches.
Bits of newspaper lined Pearl's
new home. It would be warm
come winter. She was proud
of her first nest.

El fondo era firme por las
pequeñas ramas que lo
formaban. Pedacitos de
periódico revestían la nueva
casa de la ardilla Perla. Esta
sería muy acogedora para el
próximo invierno. Ella estaba
orgullosa de su primera
madriguera.

As Pearl dozed in the warm autumn afternoon she had an idea. A party! A housewarming party to celebrate her first home!

Mientras Perla dormitaba en una calurosa tarde de otoño ella tuvo una idea. ¡Una fiesta! ¡Una fiesta para celebrar su primera casa!

Pearl scampered down her tree trunk, fluffy tail high in the air, and headed into the woods. She wanted to invite everyone over for a celebration.

Perla se deslizó precipitadamente por el tronco, con su esponjada cola al aire, y se internó en el bosque. Ella quería invitar a todo mundo a su celebración.

She found the Deerheart
family drinking along
the banks of the forest
stream. They said in their
soft deer way that they
would be pleased to
attend Pearl's party.

Perla encontró a la
familia Venado bebiendo a
la orilla de un riachuelo.
Ellos dijeron gentilmente
que sería un placer
asistir a su fiesta.

7

Next, she discovered her best friend,
Mason the Beaver. Pearl told him all about
the party. Mason stopped chewing his aspen limb
long enough to say he would gladly be there.

Luego, encontró a su mejor amigo, Mason el castor.
Perla le platicó todo sobre la fiesta; Mason dejó de
masticar su rama de álamo para decir que con
mucho gusto él estaría ahí.

Deep in the forest Pearl came upon Marilyn Rabbit and her baby
bunnies all nibbling wild plum branches. They wiggled their noses in
delight and accepted the invitation.

Ya muy adentrada en el bosque, Perla encontró a Marilyn la coneja y a sus conejitos,
todos saboreando ramas de ciruelo.
Moviendo sus narices, aceptaron la invitación.

Next, Pearl found Maurice the Skunk
under a red maple tree. He said he could
take time off for something as important as a
housewarming party at Pearl's first home.

Después, Perla se encontró con Mauricio, el zorrillo,
bajo un árbol de maple rojo. Él le dijo que estaría
disponible para algo tan importante como una
fiesta de inauguración de la primera casa de Perla.

Pearl knew the most difficult
friend to find would be
Spike the Porcupine.
Spike slept during most of the
day and came out at night.
He could be anywhere.

Perla sabía que el amigo más
difícil de encontrar sería Spike
el puerco espín. Spike dormía
la mayor parte del día y salía
por la noche. Él podría andar
por cualquier lugar.

He could be sleeping in a tree, resting in one of his dens, or rolled up in a pile of grass and weeds. Pearl finally found Spike and woke him gently so his quills wouldn't prick her. Spike said he would wander over after his snooze.

Spike podría estar durmiendo en un árbol, descansando en uno de sus cubiles, o enrollado sobre un montón de pasto y malesa. Finalmente, Perla divisó a Spike y caminó hacia él lentamente, de tal manera que sus puas no la pincharan. Spike dijo que él iría pero antes tomaría una siesta.

Pearl needed party food for everyone. She worked until the sun set over the forest.

Perla necesitaba una fiesta con comida para todos. Ella trabajaba hasta la puesta del sol por el bosque.

Delicious berries, nuts, roots and mushrooms soon filled Pearl's new nest.

Riquísimas bayas, nueces, raíces y hongos pronto llenaron el nido de Perla.

13

Mrs. Deerheart and her deer family were the first to arrive for the
party. Oh, no! They couldn't climb her tree. "Dear, dear, what kind of
home is this?" asked Mrs. Deerheart, nose in the air.

La señora Venado y su querida familia fueron los primeros en llegar a la fiesta.
¡Oh, no! No pudieron subir a su árbol. "¿Querida, querida, que clase de casa es ésta?"
preguntó la señora Venado, mirando arriba.

"Our home is much better, my dear, much
better. We just snuggle down under the trees
or bushes of the forest. No climbing trees
or gathering leaves for us."

Nuestra casa es mucho mejor, querida,
mucho mejor. Sólo nos internamos en los arbustos
o árboles del bosque. Nada de subir árboles o
juntar hojas para nosotros.

15

Next came Marilyn Rabbit trailing six baby bunnies behind her.
Near-sighted Maurice Skunk followed the path beaten down by Marilyn
and her brood. They couldn't get up into Pearl's tree home either!

Después llegó Marilyn, la coneja con un afila de seis conejitos detrás de ella.
Mauricio, el zorrillo que tenía miopía, siguió el camino marcado por
Marilyn y sus crías. Ellos tampoco pudieron subir al árbol de Perla!

They gazed up at her beautiful leaf
home and admired the job she had done.
They politely thanked Pearl as they left,
but whispered, "Our homes are far better."

Le hecharon un vistazo a su hermosa casa
de hojas y admiraron el grandioso trabajo
que ella había hecho. Cortezmente
agradecieron a Perla mientras se iban,
susurraban, "nuestras casas son mucho
mejor".

Pearl heard them whispering and began
to think she hadn't done such a good job.
Surely Mason, the best buddy a squirrel could
ever have, would love her home. But when Mason
waddled up he said, "Come with me and see
how a real house is built!"

Perla los escuchó susurrar y comenzó a
pensar, que no había hecho tan buen trabajo.
Seguramente a Mason, el mejor amigo que una
ardilla podría tener, le encantaría su casa.
Pero cuando Mason subió, él dijo, "¡Ven conmigo
y ve como se construye una verdadera casa!"

She followed him slowly down to the river. Mason slipped into the water and reappeared among a pile of gnawed tree branches plastered together with mud from the bottom of the river.

Ella lo siguió lentamente por el río. Mason se sumergió en el agua y reapareció en una pila de ramas de árboles cubiertas con lodo del fondo del río.

"Isn't this lodge just swell?" asked Mason, as he plunked down.
"I'm sure it is," sighed Pearl, "but I don't have webbed hind feet or a flat tail.
I can't swim nearly as well as you."

"¿No crees que este es un albergue perfecto?" preguntó Mason, mientras él se sumergía
en su casita. "Estoy segura que es", dijo Perla con un suspiro, "pero yo no tengo las
patas planas o la cola recta. No puedo nadar tan bien como tú".

20

Pearl grew very sad. She went back and snuggled down in the velvety warmth of her leaf nest, but could not sleep. How could she have been so wrong?

Perla se entristeció muchísimo. Ella regresó y se recostó sobre la calidés de las hojas de su nido, pero no pudo dormir. ¿Cómo pudo haber estado tan equivocada?

The sun set over the forest covering the treetops like a patchwork
quilt. A scratchy sound came closer and closer. Spike! Surely he would
like Pearl's home high up in the hickory tree.

El sol se posó sobre el bosque cubriendo las copas de los árboles como si fuera un
manto. Un chillido sonido se acercaba más y más. ¡Spike! Seguro a él le gustaría la

"This is nice," admitted Spike. "But why settle for just one home? I have many places in the forest to rest. You should try it Pearl. It's the only way to live!"

"Es muy bonito", admitió Spike. "¿Pero, por qué vivir sólo en una casa?" Yo tengo muchos sitios en el bosque para descansar. Deberías intentarlo. "¡Es la única forma de vivir!" le dijo a Perla.

23

Spike climbed down the tree and began his nighttime search for dinner.
Pearl was sadder than ever. None of her forest friends thought she had a good home.

Spike bajó del árbol y comenzó su búsqueda nocturna de comida. Perla estaba más
triste que nunca. Ninguno de sus amigos pensaba que su casa era hermosa.

Suddenly she heard a soft voice calling her name.
She spied Solomon Raven, the wisest bird in the
woods, perched in the hickory tree. His sharp
claws, pointed beak, and loud caw, caw, cawing
made most forest animals stay out of his way.

De repente escuchó una suave voz que la llamaba.
Era el cuervo Solomón, el ave más sabia en el
bosque, posado en el nogal. Sus afiladas garras,
pico puntiagudo, y un agudo graznido apartaban
a la mayoría de las animales del bosque.

But Pearl knew his frightening ways were mostly for show. She and Solomon shared

this tree. Solomon even allowed Pearl to call him Sol, his nickname.

Pero Perla sabía que sus maneras de asustar eran sólo para aparentar.

Ella y Solomón compartían el mismo árbol.

Incluso, Solomón permitía que Perla le llamara Sol, su sobrenombre.

"Are you calling me, Sol?" asked Pearl. "Yes," replied Solomon, "I heard you had a party today." "I did," sighed Pearl, "but some of my friends couldn't make it up to see my nest, and all of them think their houses are better than mine."

"¿Me llamas, Sol?" preguntó Perla. "Sí", respondió Solomon, "Escuche que tuviste una fiesta". "Sí", suspiró Perla, "pero algunos de mis amigos no pudieron subir a mi nido, y todos piensan que sus casas son mejores que la mía".

"Well, they are better," said Sol. His eyes reflected the golden glow of the autumn moonlight. "Better for them. You see, Pearl, each animal makes a home that suits them best. It's called their habitat. Every habitat is different and every one is special. Mrs. Deerheart needs both shelter and open spaces. Marilyn and Maurice sleep in little earthy dens. Could you do that?"

"Bueno, son mejores", dijo Sol. Sus ojos reflejaban el dorado resplandor de la luz de otoño. "Mejores para ellos. Mira Perla, cada animal hace la casa que mejor le convenga. A ésto se le llama medio ambiente. Cada uno es diferente y cada. La señora venado necesita refugio y espacios abiertos. Marilyn y Mauricio duermen en pequeños agujeros en la tierra. "¿Lo podrías hacer tú?"

"No," cried Pearl, "but Spike and Mason seem so sure their homes are best, too!" "Would you be able to sleep just about anywhere in the woods," asked Sol, "and could you patch holes in your house using your tail to plaster the mud smooth?"

"No", dijo Perla, "¡pero Spike y Mason parecen estar seguros de que sus casas son mejores, también!" "Serías capaz de dormir en cualquier lugar del bosque", preguntó Sol. "¿y podrías parchar agujeros en tu casa usando tu cola para empastar el lodo?"

29

"No, I wouldn't, I couldn't," said Pearl,
beginning to understand.

"No lo haría, ni podría", dijo Perla,
comenzando a entender.

Sol cawed softly, "Settle down
and listen to the sounds of the
woods. Feel how perfect your leafy
nest is for you. This is your own
habitat, Pearl, your own special
squirrel place."

Sol graznó suavemente,
"Tranqulízate y escucha los sonidos
del bosque. Siente que perfecto es tu
madriguera de hojas para tí. Éste es
tu medio ambiente, Perla, tu propio
sitio especial".

31

Pearl sank into the leaves,
felt the darkness surround her.
Sol murmured his gentle caw,
caw, caws. Pearl felt snug
and happy high up in the hickory
tree. Sol was right; she did have
a good home. She had a home
that was best for her.

The End / El Final

Perla se internó en las hojas,
sintió la obscuridad rodeándola.
Sol murmuraba con un suave
graznido. Perla se sintió cómoda
y feliz sobre el nogal.
Sol tenía razón; ella tenía
una hermosa casa.
Una casa perfecta para ella.